AF409915

Autour du marquis de Sade

Complaisance et omissions

Serge ULESKI

Du même auteur, chez Amazon

- La consolation
- Confessions d'un ventriloque
- Des apôtres, des anges et des démons
- Cinq ans, cinq nuits
- Paroles d'hommes
- Pièce à conviction
- Je me souviens
- Les brèves de Serge ULESKI
- Serge ULESKI littérature - morceaux choisis
- Transit (théâtre)
- De la politique et des médias vol 1
- De la politique et des médias vol 2
- Ad hominem
- Dieudonné, chronique d'une résistance inespérée
- La France et le sionisme : domination et chantage
- La France et le fascisme
- Cinéma, de film en film, de salle en salle
- De l'art, de la littérature et autres considérations

http://penseraupluriel.blogs.nouvelobs.com/

« Célébration » du bicentenaire de la mort de Sade, exposition au Musée d'Orsay, manifestement, on n'en a jamais fini avec Sade ! Il va, il vient ; des universitaires, des chercheurs, des auteurs et autres animateurs culturels médiatiques nous le rappellent régulièrement à notre bon souvenir.

Mais au fait, qui était Sade ? Et qui sont ceux qui s'obstinent à le faire exister ? Pour(-)quoi et contre qui ?

C'est tout le sujet de cet ouvrage dont toutes les citations (en italique) sont extraites de « La philosophie dans le boudoir » qui a pour auteur Donatien Alphonse François de Sade, tantôt comte, tantôt marquis.

De Noëlle Châtelet, Laurence des
Cars… philosophe, auteure… à Annie le
Brun, commissaire générale de l'exposition
2014 « Sade. Attaquer le soleil » au musée
d'Orsay, en passant par Catherine Millet de
la revue Artpress…

Depuis Simone, la « de Beauvoir », femme
enrubannée, Sade n'a pas cessé d'exercer sur
la femme lettrée de la bourgeoisie une
fascination emprunte d'un intellectualisme
mondain complaisant, bavard et souvent
creux.

Certes ! Nous ne sommes pas complètement
dupes : célébrer le Marquis de Sade quand
on est une femme, n'est-ce pas le signe

d'une tolérance à toute épreuve et d'une maturité accomplie ? L'entourer de ses soins, n'est-ce pas affirmer que l'on a fait la paix avec le sexe opposé mais néanmoins ami ? Et puis, n'est-ce pas finalement et tout simplement à la fois gratifiant et « fashion » - un snobisme « germanopratin » y jouant un rôle certain -, de prendre sous son aile ce petit marquis victime des sentences d'excommunication d'un XVIIIe siècle moralisateur qui n'aurait rien compris à ce chérubin bouc-émissaire d'un siècle étriqué et liberticide ?

Les femmes de la bourgeoisie ont Sade ; les filles et les femmes de la classe ouvrière, le magazine « Détective » et les biographies des tueurs en série étasuniens de préférence, de gros pavés de 700 pages traduits de l'américain ; il est vrai que comparés à ces tueurs (jusqu'à 60 victimes sur toute une vie), nos tueurs en série à nous européens, ne sont que des artisans, voire des amateurs ; normal ! Ces tueurs étasuniens appartiennent à la première

puissance au monde destructrice de
l'environnement, de la culture et des nations.

Qu'est-ce à dire ? Les femmes
seraient-elles férocement attirées par les
conduites sadiques ? Ces femmes lettrées de
la bourgeoisie rejoindraient-elle Sade dans
son opinion à propos de la cruauté des
femmes ? Cruauté non assumée le plus
souvent ; d'où leur repli vers des œuvres de
charité pour conjurer un penchant auquel le
siècle de Sade n'offrait plus d'exutoire, voire
de bouc émissaire, depuis la fin des jeux de
la Rome antique durant lesquels les femmes
avaient elles aussi la possibilité de jouer du
pouce ?

Motus et bouche cousue de ces femmes sur
ce sujet : pas un mot pour ou contre. Il est
vrai qu'il y a des pages qui se tournent
précipitamment pour en lire d'autres, sans
doute moins dérangeantes.

Les hommes, en revanche, n'ont que
peu de temps à accorder à Sade, mais un peu

plus de temps quand même s'ils sont payés pour ça : universitaires et chercheurs. Car très vite, ils s'y ennuient : ce que Sade a en partie fantasmé, en partie exécuté, ce avec quoi il s'est amusé, et ce à quoi il consacré son existence, les hommes l'ont mille fois approché, dompté et apprivoisé avant de s'en débarrasser d'un haussement d'épaule salutaire ; certains ricanent même à la lecture de Sade car ils n'en croient pas un mot : Justine - cette œuvre subversive car obscène, et seulement pour cette raison -, peut bien souffrir à longueur de pages, non, elle ne souffre pas… pas vraiment du moins ! Il n'est question que d'un auteur, Sade, qui tente de nous épater - plus esbroufeur que Sade, vous ne trouverez pas ! -, tout en cherchant une issue à ce labyrinthe qu'est son existence, principalement mentale - en effet, Sade c'est une expérience existentielle principalement fantasmatique, voire fantasmagorique -, dans laquelle il se débat et se noie un peu plus chaque jour ; gigantesque cul-de-sac et prison tout à la fois ; ça tombe plutôt bien : il y passera une bonne partie de sa vie. Autant pour un bon nombre de jeunes filles qui purent alors couler des jours paisibles !

Les femmes soutiennent Sade - Renée-Pélagie de Montreuil, son épouse, ne fut d'ailleurs pas la dernière à tenter de le sauver des années durant ; les femmes de la bourgeoisie le portent à bout de bras quand tous l'abandonnent ; elles y reviennent toujours, génération après génération, la mère, la fille… elles le ressuscitent quand l'oubli menace, tout en le redoutant quand même un peu, lui et ses turpitudes, hallucinées car Sade c'est le serpent pourtant aveugle qui vous fixe du regard et vous cloue sur place ; sa langue frénétique qui ne connaît aucun repos - son dard, son sexe ? -, vous jauge, puis, à la vitesse de la lumière, vif comme l'éclair, plus rapide encore que le sabre d'un Samouraï qui tranche une gorge, une tête, un membre, il frappe. Et c'est alors qu'elles l'ont « dans le cul » ! Oui, dans le cul toutes ces femmes ! Dans le sens de « se faire avoir » ; ce qui signifie : ne pas goûter à ce à quoi elles pouvaient raisonnablement craindre de devoir se soumettre ; car Sade et « sa philosophie-lupanar » qui frappe toujours par derrière, fourbe, c'est aussi un grand bluff, un gigantesque bluff.

Les femmes de la bourgeoisie courent après Sade comme on court après ce qui ne vous rattrapera jamais, dans une vie hyper-sécurisée ; alors… elles courent… histoire sans doute de côtoyer, sur le papier, ce à quoi elles n'auront jamais la malchance d'être confrontées : à l'arbitraire et à l'humiliation des dominés, pour ne rien dire d'une cruauté sans regrets et sans remords non plus puisqu'elle n'aura très certainement oublié aucun des sévices de son catalogue et aucun des instruments de sa panoplie.

Voyez l'auteure Christine Angot venue à la littérature par l'inceste et qui n'a, dans les faits, rien compris à Sade et ses lectrices très très majoritaires non plus. Rien de surprenant à cela, Angot n'a pas les bons diplômes – Agrégation, doctorat -, et ne

fréquente pas les réseaux appropriés ; plus
navrant encore : elle n'est pas issue de la
bourgeoisie mais de la petite classe
moyenne, très moyenne, de la province ; car
seule la bourgeoise - lettrée et d'affaires -
porte Sade en elle ; sans jamais vraiment se
décider à l'accoucher, elle le garde au chaud,
elle le trimballe dans ses valises depuis deux
siècles, des mouroirs de la première
Révolution industrielle à la Grande guerre ;
patrons et Généraux pour décider de qui
montera au front, sous le feu et qui en sera
exemptés, disposant d'un quasi droit de vie
et de mort sur toute une population de
pauvres bougres et autres hères à la merci :
des classes dures au labeur qui, chaque
matin, assument le principe de « réalité »
d'un monde de production et d'optimisation
de la ressource humaine — bras, jambes,
sueur et sang au front comme à l'usine.

L'auteure Angot et ses lectrices croient
comprendre que Sade c'est une histoire de
vocabulaire : soyez crus, appelez un chat un
chat et vous ferez du Sade ! « Bite » et

« con » ; dans la cour d'une école primaire :
« pipi et caca » ! Un peu comme ces auteurs
qui croient qu'il suffit d'être antisémites
pour faire du Céline, alors que la folie de ce
marquis de Sade désœuvré prend racine dans
le fait qu'il ait pu penser un instant qu'il soit
possible, souhaitable et hautement louable
même d'être « Sade » et de le clamer haut et
fort, tout en revendiquant une impunité
totale ; folie qui ne trouvera jamais sa cure
de son vivant, même si, depuis, ses lecteurs
et tous les travaux à son sujet, lui ont sans
doute permis de trouver un peu de repos, là-
haut, de là où il nous observe tous. Et l'on
peut raisonnablement craindre qu'il ne soit
hilare en lisant une partie de la production
qui lui est consacrée. La mienne le désolera
même si elle lui ouvre la porte d'une
rédemption possible : qu'il avoue donc
alors !

Sade a beaucoup écrit. C'est vrai.
Grapho-magniaque Sade ? On serait tentés
de le penser : des milliers de pages…
répétitives car, avec Sade comme avec

Wagner et Nietzsche, il est toujours question d'un éternel retour : le retour éternel de Sade qui ne lâche pas l'affaire… la grande affaire… l'affaire de sa vie ! Et c'est alors que Tristan et Iseult cèdent la place au couple « domination-humiliation », foutre et merde. De plus, accordons à Sade le fait qu'il a été sans doute le seul auteur dont la folie - une folie irrémissible -, a eu comme première manifestation la plume car il n'a rien gardé pour lui le marquis ! Il a tout écrit, tout partagé ; il nous a tout livré en pâture et en vrac. Alors que le problème d'une Catherine Angot, pour en revenir à cette dernière, n'est pas la folie car n'est pas fou qui veut, mais son seul souci, c'est de vendre des livres ou d'écrire des livres qui se vendent.

Sade n'avait pas ce problème : il était rentier jusqu'à ce qu'on lui coupe les vivres, c'est vrai.

Dévotion, fascination/répulsion, les femmes, encore les femmes ! Les femmes lettrée de la bourgeoisie au côté de Sade… mais les femmes plus près de la soixantaine alors ! Gros fessiers ménopausés auxquels on refusera une seconde chance, voire une seconde vie. Faut dire que les autres, plus jeunes et plus malléables, plus élastiques dirait Sade, plus souples de corps et d'esprit dirons-nous, ont mieux à faire ; et puis, gardons à l'esprit que le temps passé à lire et à commenter Sade c'est du temps en moins passé à baiser. Sade ne nous contredira pas ; lui pour lequel il ne saurait y avoir de plaisir là où il y a de la retenue, dès l'âge de 10 ans (même moins encore !), mais certainement pas au-delà de 35 ans.

Aussi… désolé Mesdames !

La bourgeoisie lettrée certes ! Mais n'oublions pas pour autant la bourgeoisie des écoles de commerce qui n'a pas lu Sade mais garde quelque part dans un coin une pensée pour lui, sorte d'inconscient de classe, car Sade dans une contemporanéité de jouisseurs à la petite semaine, c'est la baby-sitter que l'on saute sur le canapé sans trop lui demander son avis, une liasse de billets dans la main, et c'est la domestique que l'on finit par prostituer… tout un petit personnel à la merci : troussage de bonnes et droit de cuissage des beaux arrondissements de Paris et des centres villes de province.

La classe ouvrière, elle, en revanche, s'en tape de ce marquis qui portait si bien le patronyme de Sad(e), marquis « triste » après réflexion, car si la chair est faible, celle de notre marquis, et impuissante face à la force du plus fort qui vous destine au pire, celle de ses victimes, Sade n'a jamais su *s'empêcher*, c'est sûr !

Entièrement livré à lui-même, à cette force dévastatrice et sourde à toute forme de retenue et de compassion, personne n'a et n'aurait pu lui faire prendre un autre cap ; vents et marées, Sade a tenu bon sous tous les régimes : « Rester en vie le plus longtemps possible ! » Rester en vie jusqu'à la dernière goutte de foutre et de sang, jusqu'à la dernière crotte expulsé d'un pet rageur, vengeur et iconoclaste comme c'est pas permis.

« *Né dans le sein du luxe et de
l'abondance, je crus, dès que je pus raisonner, que la
nature et la fortune se réunissaient pour me combler
de leurs dons ; il semblait que tout dût me céder, que
l'univers entier dût flatter mes caprices, et qu'il
n'appartenait qu'à moi seul et d'en former et de les
satisfaire.* »

Sade s'est essayé, s'est soulagé plus
qu'assouvi avant de se réaliser tout entier, le
temps pour ses victimes de se rendre
compte que l'homme était un prédateur
dérangé et cruel, sur de simples mortels, des
sans famille, des veuves laissées sans le sou,
des prostituées, des domestiques, des filles
de ferme, des orphelines à la merci car, c'est

à noter, Sade s'est bien gardé de s'en prendre à cette classe qui était la sienne - enfants, adultes, garçons et filles, même s'il a séduit sa belle-sœur sans toutefois la mettre en danger physiquement -, ni à cette autre classe qui avait pourtant le vent en poupe, le feu au cul et les fesses à l'air plus souvent que jamais ; une classe montante qui plus est ; une classe hardie qui montait vite et bien : la bourgeoisie d'affaires ; ce qui n'a pas empêché Sade, il est vrai, dans ses écrits, d'éduquer et d'ouvrir, dans un grand écart, aux secrets de Vénus, la bourgeoisie et l'aristocratie : on pensera à Madame de Saint-Ange (un des nombreux masques de Sade !), pédagogue prolixe et incestueuse qui n'était pas dépourvue de manières.

Courageux mais pas téméraire Sade ! Car, si Sade n'a jamais su jusqu'où ne pas aller trop loin, il a toujours su ménager la chèvre qu'il a souvent mené au bouc, et le chou, sous tous les régimes, le recours à l'anonymat lui permettant de se lâcher comme jamais, quand il y avait urgence, les jours de grands stress et de tensions intérieures irrésistibles qui appelaient un soulagement immédiat : avec la plume et le papier les jours d'incarcération, faute de mieux. Les jours de grand vent, quand Sade avait un peu de champ libre devant lui, c'était autre chose : il valait mieux ne pas le croiser sur son chemin.

Hommes et femmes, tous seront appelés à contribuer, à participer, à se sacrifier sur l'autel sadien ; les enfants aussi car pour Sade et son époque, c'est la même sexualité, quelque soit l'âge ; une sexualité de l'orifice qu'il faut forcer, casser, éclater, pulvériser. Et puis, là où il y a de la gêne, où donc trouver du plaisir ?

Sade c'est le père, c'est vrai ! De là cette fascination qu'il exerce sur les femmes, lui et ses « copycats » contemporains ? Peut-être. Sade c'est le grand méchant loup, le prédateur, l'ogre, celui qui viendra à la nuit tombée dans votre chambre, se glisser sous vos draps de petites filles et de petits garçons, là, tout près, expulsant d'un geste rageur, hors du lit, un concurrent insupportable, l'ours en pluche qui vous tient compagnie, avant de vous apprendre à vivre ce qu'il n'aura pas souhaité que vous attendiez de découvrir, en temps et en heure, et à votre heure, car Sade était non seulement un homme pressé mais le patriarche des patriarches ; un patriarche d'un patriarcat absolu, total, sans bornes, sans limites, au service d'un super-ordre établi et donné par la Nature, à la tête d'une fratrie à la merci d'une hyper-puissance : épouses, filles, belles-filles, fils, et maîtresses… tous seront, sur le papier, conviés dans le même lit, et les domestiques aussi !

Que d'la gueule Sade ? Fou de mots, il n'aura vécu que pour ça, matin, midi et soir : les mots ! Ceux du bas ventre ; entrailles, viscères, organes génitaux : «Mettre et se faire mettre, Foutre-dieu ! »

Chez Sade, la femme – ou bien plutôt, le sexe au féminin -, ne doit avoir qu'une fonction : « Se faire foutre : jouir et faire jouir ! » Et le plus tôt sera le mieux : bien avant la puberté si possible.

Le boudoir, entre chambre et salon avait sa préférence puisque Sade ne s'est jamais décidé à habiter l'un et à occuper l'autre, toujours en vadrouille, en chasse, sur le pied de guerre, loin de sa famille. Et puis… trop engageants à son goût ces lieux propres au couple et à la famille qui exigent une qualité : le goût du compromis - civilité et responsabilité.

Contrairement à ce que Sade a pu affirmer et des commentateurs complaisants car soumis à leur gourou, le boudoir n'est pas le lieu d'union de la philosophie et de l'érotisme mais bien plutôt l'antre de la manipulation, de la perversion au service de la domination, de l'humiliation, de la souffrance et de la mort qui vient mettre un terme à mille tortures et soulager une victime exsangue.

De ce boudoir, on en ressort les pieds devant. Il faut le savoir. Bien capitonné, on peut y supplicier tout un chacun à volonté sans être dérangé.

On a dit que les cadavres, les corps meurtris et mutilés, réjouissaient notre marquis. Erreur ! L'état de cadavre, oui. Les cadavres, non. La différence ? L'état de cadavre se rapporte à l'état dans lequel Sade a abandonné ses victimes car, on peut parier que Sade n'était pas homme à s'arrêter ou à se retourner sur un corps inerte, étendu là, au bord d'une route ; une inconnue entièrement vêtue qui plus est, parce que… où trouver le courage de la dévêtir… et pour faire quoi ? Non, l'état de cadavre doit trouver sa justification au terme d'un long récit, d'une longue histoire faite de souffrances sans nombre pour l'une et de plaisir sans égal pour l'autre ; suppliques, hurlements et cris dans le bruit et la fureur avec pour tout contrepoint… l'impatience d'un tortionnaire qui tape du pied : « Merde à la fin ! Combien de fois

faut-il la tuer pour qu'elle se décide à
crever ?! »

Car chez Sade, on ne meurt pas, on crève.

Sade, celui qui dit qu'il fait et qui n'en
fait pas le tiers faute de temps,
d'opportunités et de courage, s'est
longtemps regardé être Sade comme devant
une glace.

Qu'a-t-il vu ?

Il a vu, pour l'avoir compris… qu'il n'y
aurait pour lui aucun retour possible
puisqu'il n'y avait jamais eu un autre Sade :
sans contradiction, sans ambivalence, Sade
est d'un seul bloc. Pour sûr !

Son titre de Marquis et sa particule, c'est
dans « le foutre et la merde » qu'il ira les
déposer juste avant d'y condamner toute
l'humanité dans un long voyage jusqu'au
bout de la nuit ; à l'aube, il se réveillera plus

Sade que jamais, plus cruel, plus pervers
encore, dans un crachat des couilles et des
intestins, déchargé et déféqué à la face d'un
monde avec lequel il souhaitait ne plus rien
partager sinon toucher quelques rentes et
récupérer un héritage à la mort de son père :
ce qui tend à prouver que l'on peut conchier
les lois qui, bon an mal an, protègent la vie
humaine et la dignité, et tout attendre du
droit de propriété et des notaires.

Homme sans visage - à quoi
ressemblait Sade, nul ne sait ! -, bien que son
identité civile soit fermement établie,
contrairement à Shakespeare, - un visage
sans identité civile -, le XXe siècle, surtout
dans sa deuxième partie, n'aura pas cessé de
rêver Sade, fort à propos d'ailleurs puisque
Sade a placé très tôt l'imagination au centre
de son existence. Car si Sade a vécu, il a
aussi rêvé une grande partie de sa vie.

Seuls ceux qui l'ont commenté, à profusion
dans les années 60 et 70, plus rarement après
– avait-on cru pouvoir épuiser le sujet ? -,

nous ont rendu sa légende plus vraie que sa véritable existence à coups de commentaires et d'essais tantôt abscons tantôt péjorativement surréalistes – où est-ce qu'ils vont chercher tout ça, tout de même ! - car, sans tous ces aficionados et les groupies du gourou Sade, celui-ci disparaît et a tôt fait de rejoindre les bancs des cours d'assise et les annales du crime, avant un oubli certain, un désaxé chassant l'autre dans la mémoire collective. Et le « sadisme » en tant que désignation du besoin d'infliger des souffrances à autrui pour éprouver un plaisir (sexuel ou autre) n'y changera rien car il y a bien longtemps que tous ont oublié à quel auteur il est fait allusion.

> *« Ne naissons-nous pas tous ennemis les uns des autres ? Tous dans un état de guerre perpétuelle et réciproque ? »*

On commente Sade. On nous présente un Sade lacunaire, partiel, voire partial… amputé, un Sade sur une jambe, boiteux et qui tient à peine debout. On ré-écrit l'homme, on le réinvente ; il serait question de philosophie et d'érotisme, ou de « philosophie érotico-pornographique » ; chacun y mettant du sien, beaucoup même, jusqu'à nous dévoiler leur caractère à tous, leur personnalité aussi, et ce à quoi ils sont disposés à souscrire…

Oh ! Complaisance quand tu nous tiens !

D'aucuns commentent Sade comme on commente Proust, phénomène purement littéraire, explication de texte après l'autre ; et le ou la spécialiste de Sade nous en raconte de belles, toujours ! Même si ces conteurs omettent soigneusement les procès verbaux de la police de Louis XVI et d'un Joseph Fouché au service de l'Empereur, corse d'origine, qui ne plaisantait pas avec l'outrance, l'outrage et l'atteinte aux bonnes mœurs même pour la rigolade avec force blagues de potaches dans le pure style militaro-paillard et salace ; et comme il

n'était pas question de rigoler avec ce
marquis qui ne rigolait pas non plus et dont
il n'y avait déjà plus grand-chose à sauver,
on imagine avec quelle promptitude Sade fut
mis hors de danger, pour les autres s'entend,
entre quatre murs, à Charenton-Saint
Maurice, asile d'aliénés au bord de la Marne,
aujourd'hui à 20 minutes du centre de la
Capitale.

Sade mourra au moment où l'Empereur
quittera le pouvoir pour aller aussi mourir,
mais à petit feu, lentement, de la ciguë d'un
officier anglais qui, sans doute, obéissait à
des ordres venus d'en haut, ou bien plutôt,
d'en face, de l'autre côté de l'océan
Atlantique : l'île de Sainte-Hélène. C'était
quand même pas la porte à côté ;
aujourd'hui non plus : pluie, vent, froid…
brrrrr…

Faut s'en tenir éloigné à tout prix !

« Les plaisirs de la cruauté ? Il s'agit simplement d'ébranler la masse de nos nerfs par le choc le plus violent possible ; Or, il n'est pas douteux que la douleur affectant bien plus vivement que le plaisir, les chocs résultatifs sur nous de cette sensation produite sur les autres seront essentiellement d'une vibration plus vigoureuse ».

A l'heure des Lumières, pourquoi Sade a-t-il opté pour un monde déshumanisé ? Pourquoi l'a-t-il ardemment appelé de ses vœux ?

A-t-il pressenti la fin de la domination de sa classe, l'Aristocratie et l'Eglise, et l'urgence qu'il y avait à la pourfendre ? A-t-il voulu

prendre les devants en discréditant
l'Ancien régime contre toute tentative
ultérieure de sauvetage et de réhabilitation,
devançant l'appel pour ainsi dire, bien avant
1789, et surtout 1792 qui lui conviendra
mieux ? En effet, la Révolution était occupée
à manger ses propres enfants, ce qui laissait
à Sade quelque chance de survie, du moins le
pensait-il. Et il avait raison puisqu'il en
sortira la tête sur les épaules.

Sade c'est Descartes si Descartes
avait été Sade ; il opposera à son cogito le
sien propre, tellement plus en phase avec ce
que la personnalité de Sade portait en elle :
« Je fais souffrir donc je suis ! ». Car Sade
c'est l'homme qui a refusé la culture, la
nécessité de l'empêchement, de la contrainte
et de la retenue, se livrant totalement à cet
« état de nature » d'une nature qui n'est ni
pour ni contre puisque la nature ne juge
personne et sacre celle ou celui qui est le
plus apte à rester en vie, à prospérer et à se
développer. Et ça devait bien l'arranger
cette possibilité d'une existence qui

reposerait sur une absence de jugement, sur une impunité quasi-totale, au-delà et par-delà le bien et le mal ; une existence libérée de toute considération humaine, voire humaniste. En cela, et contrairement à ce qui peut être affirmé ici et là, Sade est un homme du passé, un pré-Néandertalien, simiesque : l'homme de tous les déluges et de tous les chaos.

Une nature indifférente à l'homme, Sade adorait ça ! Cette nature qui ne lèverait pas le petit doigt pour personne. Aussi, né en 1740, Sade arrive trop tard, beaucoup trop tard… en plusieurs centaines de milliers d'années de retard. Et c'est sans doute la raison pour laquelle Sade s'est trompé de question. A l'interrogation « l'homme est-il maître de ses penchants ? » il aurait dû substituer la suivante : « L'homme n'étant pas maître de ses penchants, à quoi doit-il renoncer et pourquoi ? » ; ainsi que : « Qu'est-ce que l'homme doit craindre le plus de son prochain : la morale ou la licence ? »

Certes, s'il avait posé et répondu à ces deux questions, il n'y aurait pas eu d'œuvre. L'humanité aurait-elle été pour autant veuve de quoi que ce soit ? C'est à voir. Et c'est pas certain non plus.

« Livrons-nous hardiment et sans cesse à la fausseté ; regardons-la comme la clé de toutes les grâces, de toutes les faveurs, de toutes les réputations, de toutes les richesses, et calmons le petit chagrin d'avoir fait des dupes par le piquant plaisir d'être fripon. »

Tout entier livré au service de la fausseté, Sade haïssait néanmoins la simulation.

« Les effets du plaisir sont toujours trompeurs dans les femmes ; il faut donc préférer la douleur dont les effets ne peuvent tromper et dont les vibrations sont plus actives. »

Sade nous livre là une clef ; celle qui ouvre une porte ; et derrière cette porte, y

trouvera-t-on le doute et un complexe
d'infériorité ? La tricherie, l'inauthentique
dont il aurait pu être dupe auraient
certainement anéanti Sade, à la fois de honte
et d'humiliation : « Jouit-elle ? Oui ? Non ?
Suis-je suffisamment performant ? »

Il est vrai qu'avec la douleur, la supercherie
n'est pas de mise : celui qui souffre souffre
aussi et surtout de ce dont on souffrirait si la
situation était inversée. En ce qui concerne
le plaisir et la jouissance, de son intensité
feinte ou bien réelle, il en va tout autrement,
c'est sûr !

D'une disposition au mal hors du
commun, la négation de la civilisation aura
été la seule raison d'être au monde de notre
marquis. Férocement athée, cette négation
était sa transcendance à lui. Et il n'aura de
cesse de fanfaronner à son sujet, incurable.

Et si Sade a souhaité la fin d'un monde puis
la fin de tous les mondes, c'est sans doute
aussi parce qu'il était bien incapable de

comprendre quoi que ce soit au monde. Dépassé par les événements, tous les événements, de la société, de la nécessité d'un ordre moral – à ne pas confondre avec la « moraline » -, Sade a voulu réduire toute existence humaine à un seul « happening », irréversible de surcroît : l'anéantissement. C'était bien commode car alors… « Vous avez dit comprendre ? Mais comprendre quoi ? Et pourquoi faire ? Regardez donc ! Il n'y a déjà plus rien à comprendre ! »

***

Avec Sade, il n'y a pas de place pour une autre voix, un autre interlocuteur, contradicteur qui plus est. Jamais ! C'est la raison pour laquelle Sade fait les questions et les réponses ; il est tous ses personnages à la fois, hommes, femmes, enfants ; c'est lui, et lui seul, qui tire toutes les ficelles.

Plus Sade croit raisonner, plus il dévoile son incompréhension du monde car, comprendre le monde, ce n'est pas dénoncer ses maux pour mieux s'en repaître - *Tout est pourri, soyons-le davantage encore !* -, mais c'est se tenir avec lui sur le fil du rasoir, en équilibre, tout en mesurant la profondeur de l'abîme sous nos pieds et la nécessité du maintien de cet équilibre, car il y va de la survie de nous tous, du fort comme du faible.

Après le sadisme vient alors un nouveau type de masochisme, non pas corporel ou physique, mais bien plutôt un masochisme social qui prend pour cible la morale : renoncer à cette sacro-sainte morale pour mieux puiser dans ce reniement et y trouver l'abjection qui vous rejette, vous condamne, vous excommunie sans pardon ; emprisonnement, disgrâce : masochisme anti-social oblige !

Plus Sade croit détenir une vérité, plus le lecteur est tenté de sourire avant de s'en moquer. Plus Sade est excessif, plus le lecteur s'en amuse jusqu'au fou rire irrépressible… puis vient alors l'ennui car à vouloir trop en faire, on finit par ne plus rien faire du tout, un peu comme cet effet d'optique de la vitesse qui fige une figure en mouvement. Et puis, Sade, c'est tellement *couru d'avance* ! On l'entend venir à des kilomètres, chaussé de gros sabots ; ceux du provençal d'adoption qu'il était sur ses terres de Lacosque car, Marquis ou pas, on ne peut guère cacher longtemps d'où l'on vient.

Alors, vous pensez bien : trouver Sade bouleversant comme on peut le lire ici et là, sous la plume de commentateurs, femmes de surcroît, c'est faire preuve d'une complaisance de lecteur /lectrice qui trahit un esprit confus et déformé, ou bien plutôt : un esprit mal formé, impropre à la philosophie, à la politique et à la culture ; reste alors le snobisme d'une posture aussi gratuite que futile - celle-là ou une autre ! -, qui n'engage personne : ni le monde, ni l'auteur ni le commentateur.

Car Sade n'est pas bouleversant. Non. Sade c'est un immense malentendu ; c'est le tour de piste d'un comique involontaire, d'un clown qui s'ignore, gaffe après gaffe, comme autant de lapsus dont le caractère humoristique accidentel est tellement manifeste que le lecteur demeure spectateur d'une représentation d'une détermination et d'une logique implacables certes ! mais d'une expression chaotique, souvent redondante, qui repose sur un fond à la fois absurde et inopérant car sans justifications sociales et politiques ; privé de nécessité extérieure à son auteur - en dehors du système de fonctionnement psychique obsessionnel de Sade -, c'est à une provocation gratuite et vaine auquelle le lecteur se trouve alors confronté.

« Qui sommes-nous pour la Nature sinon guère plus important qu'un brin d'herbe ? ».

Relativiste absolu - relativisme qui
servait son raison d'être au monde : la
cruauté -, et c'était sans doute là sa seule
religion, Sade a déprécié toute vie humaine
et la nécessité de poursuivre cette expérience
de vie comme personne d'autre avant et
après lui.

*« La cruauté est un énergie de l'homme que
la civilisation n'a pas encore corrompue »*

Mais alors, qui a bien pu demander à
Sade d'intérioriser jusqu'à l'absurde cette
indifférence hautaine et royale de la nature à
notre égard ? Qu'est ce qui a bien pu faire
que Sade ait pris le parti de la nature contre
la morale et la culture ? Pourquoi Sade a-t-il
accepté de s'abaisser à ce point au ras des
pâquerettes et des pavés et de vouloir nous y
assigner tous à résidence par la même
occasion ?

Le dégoût était son lot ; s'est-il agi de son
propre dégoût ? Lâche comme il nous est

rarement donné de l'être, il a souhaité y
enfermer le genre humain ; et là, c'est Céline
qui le rejoint près d'un siècle et demi plus
tard.

Sade raisonnait beaucoup trop pour
que « sa philosophie » puisse être à l'origine
d'un authentique désir de renverser le
monde, cul par-dessus tête ; ses cibles sont
trop voyantes ; l'insistance qu'il met à nous
les désigner, page après page, des milliers,
trahit un provocateur « à la manque » qui se
regarde « faire » et derrière lequel on imagine
un marquis de Sade qui, comme on le dirait
aujourd'hui, n'est jamais venu à bout d'une
crise d'adolescence de sale gosse ingérable et
pitre au fond de la classe, adossé au
radiateur.

Plus grave et plus décevant encore : Sade n'a
rien assumé. Longtemps, il s'est considéré
comme injustement traité ; il n'a jamais
accepté la moindre condamnation alors qu'il
aurait dû accueillir comme un devoir et
comme un droit les sentences

d'emprisonnement. Non ! Il a préféré hurler
son innocence et trouver un refuge
confortable et douillet : celui d'une attitude
victimaire.

        « *Sade a continuellement conscience qu'il
replace l'homme au milieu des forces qui régissent
l'univers, le faisant participer d'une nature violente,
sexuée et immorale, qu'il lui importe en même temps
d'excéder* » - Annie Lebrun.

        Placer le chaos sadien au centre de
l'Univers… il y a là de quoi faire hurler de
rire le taoïsme et le bouddhisme.

        Enfant tête à claque Sade ? Enfant
pour lequel Mr Hide n'aurait eu, à la nuit
tombée, aucune pitié, d'un coup de canne,
côté pommeau en cristal ?

Enfant donc, Sade devait très certainement
briser tous ses jouets pour mieux en exiger
le remplacement illico presto ; sans doute

devait-il mordre le téton de sa nourrice,
entre deux séances de torture d'insectes ;
plus tard, étrangler quelque oiseau, puis
prenant de l'assurance, des chats et des
chiens avant d'atteindre l'âge de raison qui
n'arrivera jamais, sinon sous une forme
inattendue comme « avoir raison de tout ».

Confronté à un tel chaos dès son plus jeune
âge, les parents de Sade et son entourage ont
bien dû se lasser à force, avant de choisir de
l'abandonner à ses caprices d'enfant roi, à
ses colères et à son triste sort dans un coin
du salon parce que… bon… arrive un
moment où ça va bien comme ça ! Sade s'est
alors « développé » sans attaches, hors sol, se
nourrissant de lui-même, anthropophage,
déjà animal ; puis, carence affective oblige, la
crise est arrivée : « Vous ne m'aimez pas …
eh bien, moi non plus, na ! »

*« Si, comme vous le dites, on met ma liberté
au prix du sacrifice de mes principes ou de mes
goûts, nous pouvons nous dire un éternel adieu, car je*

sacrifierais, plutôt qu'eux, mille vies et mille libertés, si je les avais. Tuez-moi ou prenez-moi comme cela ; car je ne changerai pas »

… écrit-il à son épouse.

Sade a-t-il finalement refusé toute sa vie durant de devenir un grand garçon enfin raisonnable et responsable ? Pire encore, bien avant l'adolescence… Sade aurait-il refusé de quitter le stade « anal » - opposition, rétention -, et tout le plaisir que procure le fait de retenir ses matières fécales, celui de déféquer aussi… pour mieux ne jamais passer à autre chose – à l'âge adulte par exemple ?

Bougre de Marquis ! Précoce avec ça !

Doit-on alors se figurer un Sade enfant, assis sur son pot, refusant obstinément de donner ce qu'on attend de lui : « Non et non ! Ma merde je la garde pour moi ! A moins que vous m'autorisiez à vous chier dessus !»

Eh oui ! Déjà ! Agressif et versé dans la scatologie notre petit, tout petit marquis à culottes courtes !

Plus tard, Sade passera un temps non négligeable dans les toilettes. Imaginez-vous ça : après s'être soulagé, se redresser, se retourner, se pencher, examiner, scruter, -touiller ? - puis se torcher et remonter son pantalon… de quoi remplir toute une vie, c'est sûr !

Diable d'homme ! Diable d'animal ; celui qui se repaît de ses propres excréments : le porc.

Narcisse avait comme miroir une eau limpide et pure, au reflet magique ; Sade… sa merde car on sait aujourd'hui que Sade avait un grand souci de l'image et de la mise en scène bien ordonnée mais il était sans odorat. Dans le cas contraire, il aurait sûrement consacré moins de temps à l'examen de ses déjections. Et personne ne lui en aurait tenu rigueur.

Complexe d'Œdipe ? Sade ne connaît pas ! Il haïssait sa mère, toutes les mères, et vénéré son père, tous les pères et leurs filles sur lesquelles Sade leur recommandait d'exercer un droit de vie et de mort ; droit de cuisage aussi pour peu qu'elles aient été encore en vie ! Et à ces filles, Sade conseillait une docilité à toute épreuve, surtout s'il était dans les parages et de la partie, sa belle-mère ayant tout juste le temps de mettre à l'abri les siens car ne cherchons pas, notre «*L'inceste c'est pas très grave tant que ça reste dans la famille* » vient de là, de cette « école sadienne » d'une complaisance inouïe qui a laissé quelques traces dans les consciences ; mais faut bien avouer que… Sade avait tellement de talent, il écrivait si bien… quelle langue et quelle élégance dans la formulation du pire !… peut-être que, alors, après tout… qui sait…

Autre héritage… la pédophilie ; la lecture de Sade nous y conduit sans trop de détours ; et là encore, on retrouve à l'endroit de cette calamité la même « tolérance » ou bien plutôt, la même absence de volonté de la combattre et de s'en donner tous les moyens. Il suffit de questionner les policiers et les journalistes dans leur souci de mener jusqu'à leur terme leurs enquêtes… en pures pertes, le plus souvent.

Quant à la prostitution et cette idée qui l'a longtemps accompagnée… la prostituée nymphomane qui n'en a jamais assez, le diable au corps qui se prostitue par vice et se fait « rouster » par masochisme… ce n'est pas du côté de chez Swan qu'il faut aller la cueillir mais chez Sade, encore Sade, toujours Sade ; et dans quel état !...

***

Si Sade a beaucoup fanfaronné, superstitieux, on sait qu'il voyait des signes dans les nombres. Sade avait peur. Sade était mort de trouille. Un temps à l'abri du besoin, héritier, rentier, bien marié, père de

famille mais ingérable, sans doute l'œuvre de
Sade doit-elle tout à son ennui, le pire des
maux qui vous fait ne plus exister, vous vide,
vous rend inapte au monde, incapable alors
que l'on est de justifier sa présence ici-bas
même la plume à la main car après tout : à
quoi bon vivre, à quoi bon écrire ? Cet ennui
qui a bien failli avoir raison de lui bien avant
l'heure, de cet ennui Sade en viendra à bout,
il le tuera avec l'émotion qu'il ira chercher
dans la transgression et la souffrance de
l'autre : dites-moi ce que vous allez vous
autoriser à vivre et je vous dirai à quoi va
ressembler votre existence. Inceste,
pédophilie, meurtre… tuer n'est rien ; en
revanche, franchir le pas, chancelant, le cœur
battant, haletant, au bord de la rupture
mentale et émotionnelle, là réside
tout l'intérêt de l'entreprise ; un tout
immense, capable de vous terrasser. C'est
alors qu'avec Sade tout se perd rien ne se
transforme… reste l'émotion, son souvenir
et sa remémoration dans l'écrit : là c'est
Proust qui le rejoint.

Si les maux des autres ne l'intéressaient guère, on se demande bien pourquoi Sade aura dépensé autant d'énergie à infliger les pires tortures à ses semblables auxquels il ne ressemblait pas, redoublant d'ingéniosité, jamais repu, jamais rassasié.

On a dit que chez lui, ses éjaculations provoquaient des crises de fou rire à n'en plus finir au moment même où la victime expirait tout en expiant ; son seul orgasme à elle : crever.

Sade n'a pas mis la pensée à l'épreuve du corps… mais la morale à l'épreuve de l'émotion, car, il n'y a pas de pensée chez Sade mais bien plutôt l'émotion ; c'est l'émotion qui le meut, le pousse, le tire, le traîne, esclave. Sade est un géant de l'émotion, un émotionnel incapable de gérer ses émotions-pulsions ou ses pulsionsémotions tout au service du mal et de la souffrance infligée à autrui.

Impuissant, privé de sa virilité, Sade aurait donc été tout aussi dévastateur.

Imagination et fantasmes : pour Sade, la transgression c'est la plus grande promesse émotionnelle qui soit. L'acte n'est rien, la jouissance c'est la ligne rouge-sang que l'on franchit ; la prise de pouvoir qui en résulte - contrôle, droit de vie et de mort ; mort psychique et/ou physique pour la victime : le trauma -, même l'orgasme, ne sont rien en comparaison de cette émotion.

« La charité accoutume le pauvre à des secours qui détériorent son énergie. Ne distribuez aucune aumône. A quoi sert-il que l'on conserve de tels individus ? Ces êtres surnuméraires sont comme des branches de parasites. »

Sade a cueilli la rose, l'a froissée puis écrasée dans le creux de la main, grimaçant. Car si Sade n'a pas aimé, en revanche il a joui et rêvé plus encore qu'il n'avait fait que ça : jouir. Il n'aura donc jamais connu la joie de jouir d'aimer. Tant pis pour lui.

Inapte à l'amour, Sade, qui est au romantisme ce que Céline est à l'humanisme, s'est vautré dans la haine. Partageant le sort de tous les sociopathes, Sade était une brute que ses actes ont peu à peu isolé jusqu'à la désocialisation. Il n'aura pas été pour autant le plus malheureux des hommes ; en effet, leur condition humaine lui était étrangère.

On peut être assurés que les victimes - que la victime -, le dégoûtaient ; le faible, l'indigent, celles et ceux qui ne peuvent rien pour eux-mêmes ou si peu ; il les a dévorés pour ne plus avoir à soupçonner qu'ils puissent mener une existence aussi misérables que dégradantes. Et si la haine peut être aussi le sommet de l'amour et l'absence d'empathie, l'apothéose de la compassion… Sade aurait-il alors écouté cette voix intérieure, au fond, tout au fond de lui : « J'ai tellement mal à leur malheur à tous que je n'ai qu'un désir : le provoquer au plus vite et qu'on en finisse avec ce qui ne peut pas ne pas leur arriver ! Car, à quoi bon toute cette misère !»

On peut toujours le souhaiter. Reste que… la lecture de ses textes ne laisse aucune ambiguïté à ce sujet : comme tous les sociopathes, Sade ne connaissait pas la compassion ni le remords ; en revanche, il était capable d'éprouver des regrets : de ceux que l'on éprouve après une action qui laisserait après elle comme un goût d'inachevé ? Mais quelle action ? Quel labeur ? Quelle besogne ?

Laissons là ces questions.

Inassimilable, Sade, c'est l'anti-Molière par excellence ! Là où l'un dénonce l'hypocrisie de son siècle, l'oppression

religieuse et l'absurdité de la condition
féminine, Sade s'appuie sur cette hypocrisie
et sur cet ordre pour mieux décupler ses
effets dévastateurs, l'exception devenant la
règle, dans un jeu de variations sans fin,
pour son seul avantage, son seul profit - s'en
mettre jusque là, à ras bords, plein la
braguette ! -, dans une vaste entreprise
d'émancipation de tout un corps social
appelé non pas à s'élever à l'infini de tous les
possibles, mais bien plutôt à servir de chair à
souffrir comme d'autres… à produire, chair
à canon aussi, proies et bêtes menées à
l'abattoir à l'entrée duquel on pourra lire sur
une enseigne géante : « Sade, maître
désosseur-équarisseur. »

Instrumentalisant « Les Lumières »,
mouvement de fond qui allait bientôt
étendre les droits de l'homme et dont le
libéralisme dans le domaine des mœurs
servait sa perversité, Sade serait allé
« jusqu'au fond de ce que serait l'homme »
d'après G. Bataille : la bête donc. C'est
oublier que l'homme cesse d'être un homme

quand il devient une bête. Mais, allez expliquer ça à Bataille - le libertaire en complet veston, cravate -, au moment où il pénètre dans l'ascenseur d'un immeuble Haussmannien !

Vraiment, il y a de quoi regretter que Lacenaire ne se soit pas trouvé dans les parages ce jour-là ! Comment il vous l'aurait détroussé ce Bataille qui aurait alors eu le temps de n'en livrer aucune !

Deux « personnages » occupent l'œuvre de Sade ; deux femmes, deux prénoms : Justine et Juliette dans la chronologie de leur apparition dans l'œuvre de l'auteur.

Justine est « une chose » à peine humaine, sans droits et sans avenir, sans volonté propre, sans caractère ni personnalité, de sexe féminin néanmoins, mille fois sacrifiée sur l'autel sadien qui compte, on l'imagine aisément, des centaines de protagonistes déterminés, prédateurs sans pitié.

Juliette en revanche, décide, commande, ordonne ; Juliette c'est la femme libérée, libertine et… meurtrière, que quelques féministes chargées d'amertume, admirent, aujourd'hui encore, à mots à peine couverts.

Mais alors, avec le personnage de Juliette, est-ce Sade qui tente de se racheter auprès de Justine, la victime de l'effroyable sauvagerie des hommes dans une représentation grand-guignolesque aussi absurde qu'invraisemblable à force d'excès sans nombre dans une surenchère qui ruine l'attention du lecteur. Car enfin, avec Justine, les bourreaux ont la partie belle : Sade les inspire, les encourage, les commande : tandis qu'avec Juliette, dans une volte face qui ressemble fort à un coup de théâtre, la cruauté et l'effroi changent de camp.

Juliette, l'ange exterminateur, aurait-t-elle alors pour « mission » de venger Justine ?

Ne nous y trompons pas, Juliette
c'est encore Sade, et toujours Sade ! Un Sade
travesti. Car enfin, faut-il rappeler que toute
l'œuvre de Sade n'est qu'un long
soliloque entre les murs de sa prison mentale
et l'autre prison, celle qui fait force de loi ?
Faut-il aussi insister à nouveau sur le fait
qu'il n'y a de place que pour Sade dans toute
l'œuvre du marquis ? Sade ne fait pas
seulement les questions et les réponses ;
méticuleux, il organise et contrôle tout car
Sade n'aime pas les imprévus comme tous
ceux qui pensent en rond, obsessionnels.

Avec Juliette, Sade ne change pas d'univers ;
il redistribue simplement les cartes dans
l'espoir d'y trouver une nouvelle identité ;
celle qu'une postérité dont il attend
beaucoup − il suffit de voir avec quel soin il
préserve ses manuscrits -, pourrait bel et
bien lui accorder : l'identité d'un auteur a-
moral mais soucieux d'égalité homme-
femme dans la cruauté et le meurtre - parité
avant l'heure -, et dans l'art de jouir sans
entraves d'une liberté totale ; jouir davantage

encore, jouir et tuer… tuer de jouir et de tuer… jouir impunément ! Combien de féministes radicales sont tombées dans le panneau d'un Sade disposé à accepter une sentence de mort de la main d'une femme, lui qui était un farouche opposant de la peine capitale sans doute parce qu'il savait qu'il en était passible après une condamnation à mort que sa famille - son épouse en particulier qui lui restera dévouée très longtemps -, réussira à faire annuler ?

Juliette ou pas, ne soyons pas dupes ! N'a-t-on pas dit Sade « homme et femme » tout à la fois ? Et s'il était bisexuel, n'oublions pas que quand il se faisait mettre, c'était tout en mettant, et à son heure à lui et il était le seul autorisé à remonter la pendule. Une bite dans le cul, Sade n'en demeurait pas moins mettre du jeu. Toujours ! Et le « tel est pris qui croyait prendre » était sa devise : « Prends-moi pour que je te prenne mieux encore, bougre d'imbécile ! »… tout comme ceux qui l'ont commenté, de Baudelaire à Sollers, en passant par les surréalistes, et aujourd'hui nombre de femmes de la bourgeoisie universitaire et médiatico-culturelle, au moment même où ils pensent tous avoir saisi quelque chose de ce marquis qui s'est toujours voulu insaisissable comme pour ne jamais devoir rendre des comptes à qui que ce soit, et en dernier lieu à la justice et aux victimes : en effet, ils n'en finissent pas tous de courir après lui : hier les juges ; aujourd'hui, des lecteurs-commentateurs complaisants et discoureurs.

« La destruction étant une des premières lois de la nature, rien de ce qui détruit ne saurait être un crime. Comment ce qui sert aussi bien la nature pourrait-elle jamais l'outrager ? »

Appelant de ses vœux l'extinction de la race humaine par le moyen d'une pratique de la sodomie généralisée, apologiste du meurtre « Pourquoi ne pas tuer ? Au nom de quoi ? », Sade n'était pas un révolutionnaire mais un accélérateur de vie et de mort, de

vie à trépas ; il fallait avoir tout vécu en 15
minutes : rationalisation, optimisation,
excédent et déflation ; et tout ce qui a un
prix n'avait alors plus aucune valeur car,
c'est le moins disant, côté énergie de vie, qui
finissait par rafler la mise : dumping humain

Sade n'était pas poète pour un sou, ni deux
ni rien. Et pourtant, nombre de poètes l'ont
servis, et pas des moindres. Sans doute y
trouvaient-ils à l'aube d'une révolution
industrielle et d'une bourgeoisie
triomphante, la forme ultime du blasphème,
immense bras d'honneur - gigantesque
quenelle dirons-nous aujourd'hui -, contre
un conformisme bourgeois d'une hypocrisie
et d'une platitude puantes propres au XIXe
et XXe siècles : le spleen pour les lettrés
donc, et les mouroirs industriels de
l'exploitation des corps, de la chair et des
muscles — hommes, femmes et enfants -,
pour les classes laborieuses et analphabètes
dans un siècle de la marchandise. Déjà ! Du
tout argent et marchand - « *Bonnes gens,
enrichissez-vous !* », avant l'abrutissement dans

des métiers sans âme, d'un ennui profond,
jusqu'à la désespérance, pour seul projet de
civilisation.

Les romantiques ont donc ressuscité Sade
par dépit - Sade aura été finalement leur
seul instructeur politique ; un peu court
quand même ! Les surréalistes par ennui ; et
les autres pour épater la bourgeoise et
d'autres encore pour faire les intéressants.

Publié dans la Bibliothèque de la Pléiade,
Sade n'aura pas eu droit à la sévérité d'un
jugement sans appel contrairement à
Ferdinand Céline : si on badine avec
l'inceste, la pédophilie, le viol, la torture et le
meurtre, en revanche, force est de constater
que l'on ne plaisante pas avec
l'antisémitisme. Faut dire que c'est la
bourgeoisie qui est en charge et du « dossier
Céline » et du « dossier Sade » ; bourgeoisie
qui a porté, faut-il le rappeler,
l'antisémitisme aux nues jusqu'à la chute de
l'Allemagne nazi : aussi, pour cette raison, il
faut bien que ses enfants, plus que ceux

d'aucune autre classe, donnent des gages de bonne conduite. Et puis, un bourgeois, ç'a du flair, ça sait reconnaître un de ses membres, même d'ancien Régime : Sade en l'occurrence ! Bourgeoisie pour laquelle l'œuvre de notre marquis est le seul Enfer qu'elle connaisse ; et c'est elle qui est chargée de le juger, de le condamner ou de l'acquitter.

Et tous, à gauche, l'ont acquitté depuis longtemps.

Jugez plutôt ! A propos de Sade et des commentaires désobligeants à son endroit, contre l'accusation d'atteinte aux bonnes mœurs, sans rire, le plus sérieusement du monde, il nous est demandé de prendre en considération ce qui suit : « Que sont les mœurs ? Les lois qui les protègent ne sauraient être définitives et immuables ».

Mais quand même ! L'apologie du viol, de la torture, de la pédophilie, de l'inceste, de l'infanticide, du parricide et du meurtre en général qu'aucune critique sociale et politique à la fois cohérente et compétente ne vient justifier - Lacenaire avait cent fois plus d'arguments ! Et le personnage de Monsieur Verdoux de Chaplin aussi -, vaut bien quelques commentaires précautionneux, voire une introduction à vocation contextuelle et pourquoi pas psychiatrique, dans l'éventualité d'une prochaine ré-édition des œuvres complètes de notre marquis pour lequel une auréole qui serait le signe d'une divinité consacrée, peine décidemment à trouver sa place ; à moins qu'il nous faille choisir un autre lieu pour cette auréole : les fesses de l'auteur ?

Il est dit que Sade serait notre miroir à tous, reflet de toute la violence dont nous sommes capables les uns envers les autres.

Dites ! Heureusement que Sade avait des lettres ! Pour leur malheur, Guy Georges n'en avait pas et les gens d'Outreau n'avaient pour seul vice, serons-nous tentés de croire, une instruction plus que rudimentaire pour les uns et un analphabétisme éprouvé pour les autres ; tares impardonnables, causes de leur infamie à tous et de leur rejet de cette même bourgeoisie pourtant si complaisante avec Sade.

On pouvait certes redouter le pire : l'éventuelle béatification des violeurs et autres pédophiles : exemplarité psychique et morale oblige ?

D'aucuns affirment que Sade aurait cherché à nous alerter. Soit. Mais alors, n'est-ce pas prendre le risque que le prochain tueur en série qui aura quelques lettres vienne jeter à la face des jurés que ses crimes avaient pour raison d'être de nous rappeler « combien le vernis de la civilisation est fragile et de quelle nuit inquiétante viennent nos désirs » (Annie Lebrun ; encore elle !)?

Ca nous promet de belles plaidoiries, et puis surtout, de belles empoignades et des cris de révolte et de colère des familles des victimes.

Mais alors, que doit-on reprocher à nos tueurs en série, violeurs, étrangleurs et autres éventreurs ? De ne pas avoir pris la plume, ou de ne pas en avoir eu une de plume, ploucs qu'ils étaient ?

Chaque année, un jury attribue « le prix Sade » : prix littéraire dédié à « la littérature contemporaine dans la juste filiation de l'héritage sadien », ou bien encore : « réunion d'auteurs, d'éditeurs et autres artistes pour la **célébration du libertarisme contemporain** ».

Soit ! Le prix Sade ! Un Sade que l'on n'oublie surtout pas de célébrer à grand renfort de publicité et de ricanements sous cape. Un prix créé par Lionel Aracil et un dénommé Frédéric Beigbeder, faux dandy, faux écrivain, faux libertin, faux rebelle pas subversif pour un sou, dont la seule action illégale ou répréhensible doit très certainement se résumer à la prise d'une

ligne de cocaïne et dont la seule audace
consistait à soulever les jupes des filles à la
maternelle. Depuis, plus rien, nous affirme-
t-on.

Alors, avouez que Sade à côté, c'était quand
même autre chose ! Ca avait une toute autre
allure !

Le croirez-vous ? Les membres du jury
de ce Prix sont majoritairement des femmes,
des animatrices culturelles, le plus souvent
privées d'œuvres dignes de ce nom - club
des catherinettes -, toutes lauréates, toutes
ou presque s'étant vues attribuer le prix :
Catherine Breillat, Catherine Corringer,
Catherine Millet, Catherine Robbe-Grillet,
Marie L.(Sophie), Marcela Iacub (un temps
maîtresse de DSK) et Laurence Viallet.

Je te tiens, tu me tiens par la barbichette !
Dans ce jury, il ne manque plus que
Christine Angot qui a reçu le prix en 2012.

« **Célébration du libertarisme** »
avez-vous dit ?

Mais alors, si le libertinage est la motivation
première de tout ce beau monde, pourquoi
Sade et pas Diderot ?

Et oui ! Diderot !

Alors ? Est-ce parce que Diderot ne figure
dans aucune procédure criminelle, à
caractère sadique, qui plus est, et que la
cruauté est bien plus transgressive ?

Certes, Diderot n'est ni l'auteur de « La
philosophie dans le boudoir » ni de « Les
Cent Vingt Journées de Sodome » mais
n'est-il pas l'auteur de « La religieuse », cet
hymne à la liberté, cette œuvre véritablement
subversive celle-là ! qui prend le parti de
l'inviolabilité de la souveraineté de l'individu,
corps et âme, contre la soumission à un
ordre égoïste, dictatorial et cruel ?

Trop propre sur lui Diderot, ce libertin humaniste pour lequel la satisfaction d'instincts criminels qui rabaisse l'être humain au rang de la bête est inconcevable, la fraternité humaine primant sur toute autre considération ?

Un Diderot autrement plus convaincant en tant que penseur qu'un Sade pour lequel la représentation du monde tient en deux mots : « foutre et merde » car chez Sade, tout nous y ramène de gré ou de force, et surtout sous la torture.

***

Et si finalement Sade permettait à toute une classe parasitaire qui ne produit rien en comparaison de ce qu'elle prend et de la place qu'elle occupe - une classe qui se sert et qui n'en rend pas davantage -, de sentir le soufre et de se salir mais à moindre frais, à moindre coût pour elle, loin des

cours d'assise et des verdicts à perpétuité
rendus dans l'infamie d'une maladie mentale
dont il n'y aurait rien à sauver ?

Pourquoi se salir demanderez-vous ?
Mais pour ne pas mourir d'ennui, tiens
pardi ! Et du fond des poubelles, couverte
de détritus, émerger transfigurée et héroïque,
auréolée d'une complaisance aussi
irresponsable que pathétique ! Et puis, il est
certainement aussi question pour cette
« caste » d'aller chercher dans ces poubelles
et de recevoir, soumise, offerte et résignée,
bien plus qu'une punition : le châtiment…
châtiment suprême destiné à apaiser une
culpabilité de classe, classe bourgeoise oisive
« de gauche », qui a choisi l'avilissement
contre un engagement aux côtés des
dominés à la merci d'une oligarchie
mondialiste sans foi ni loi. Et ce bien que cet
avilissement soit plus proche du « panpan
cucul » que d'un outrage irréparable. Pas
folle la guêpe ! Cette classe ne va pas non
plus tout risquer au nom d'une culpabilité
que la prochaine signature au dos d'une

pétition en faveur du droit des animaux destinés à l'abattage à voyager en première classe, viendra apaiser. Car enfin, du vivant de notre auteur, toutes ces femmes membres du jury du « Prix Sade » ainsi que celles qui tournent aujourd'hui autour de ce « bicentenaire » comme des mouches autour de la merde, se seraient-elles précipitées pour visiter en prison notre pauvre marquis si injustement persécuté à Picpus ou à Charenton ?

Tenez ! Mieux encore… ou bien plutôt, pire encore : l'une d'entre elles aurait-elle poussé cette dévotion sans doute aussi perverse que l'intéressé lui-même, jusqu'à souhaiter épouser Sade pour peu qu'il ait été célibataire ?

On pensera à ce violeur et tueur en série, Patrice Alègre, qui a trouvé à se marier. Elle se prénomme Laurence ; elle est âgée de 39 ; elle a déclaré à la presse : « Il m'envoie des cadeaux de sa prison. Il est si doux et si

gentil. C'est l'homme de ma vie. C'est pour
ça que je l'ai épousé ».

Alors, Mesdames, ça vous tente de
tâter du Marquis de Sade, d'en respirer et
l'odeur et la sueur de près, de très très près ?
Pensez aux raffinements dont Sade était
capable ; ce sont les rapports de police qui
nous les communiquent : comme faire
couler une bougie sur des plaies ouvertes au
couteau ? Pensez à la publicité ? Pensez aussi
au titre de votre prochain ouvrage, de vous
prochain film, installation, exposition : « J'ai
épousé un violeur et un tueur en série » !

Alors, oui ? Non ?

Si Sade a droit à un avocat, encore
faut-il avoir le diplôme car le droit, c'est un
métier. Aussi, force est de constater ceci :
Sade entre les mains de cette classe-là, c'est
du flanc, un grand bluff comparable à ce que
le charity-business est au malheur du monde

de populations affamées ou persécutées ; il
ne manque plus que les larmes de crocodiles.
Et quand on songe au fait que « Sade
philosophe libertin » n'existe pas, qu'il n'a
jamais existé… car il s'est bien plutôt agi
d'un Sade tortionnaire et sociopathe dans la
pure tradition des pervers narcissiques, on
pensera alors à une farce d'un goût douteux
dont le déroulé ne nous étonnera qu'à
moitié tellement l'on nous a habitués au
mensonge tant par omission que par
ignorance sur d'innombrables faits de
société.

Tout comme un amour démesuré
pour des enfants qui n'auront rien demandé,
peut servir de prétexte à légitimer une
pulsion sexuelle irrépressible à leur endroit
et un passage à l'acte qui jamais ne se
reconnaîtra pour ce qu'il est : une inversion
de toutes les valeurs humaines dans la jungle
d'une perversion sans conscience et d'un
égoïsme criminel qui laissera sa victime
psychiquement dévastée, sans plus aucune
possibilité d'estime de soi, tout comme

l'inceste dans lequel seul le ou la protagoniste y trouve la résolution d'une pulsion et d'une tension qui hurlaient à l'assouvissement…

Voyez tous ces corps déchiquetés et des milliards d'êtres humains à la merci de la raison d'une oligarchie pornographe d'une condition humaine à chier (le sexe et la merde, toujours et encore !) et dont cette bourgeoisie-là parasitaire et sans principes est la plus grande bénéficiaire !

Les mêmes qui célèbrent Sade et qui n'ont pas de mots assez dure ou bien se taisent morts de trouille, contre un Dieudonné qui affirme à propos de l'Etat Islamique et de ses exécutions publiques, que « trancher des têtes » c'est le sommet de la civilisation puisque la France, le pays civilisé par excellence, l'a pratiqué jusqu'à récemment encore : la guillotine de Monsieur Guillotin ça vous parle ? La dernière fois c'était en septembre 1977. Et en 1792, par milliers, ils ont craché leur tête dans le panier.

Et encore les mêmes qui refusent d'entendre
la colère d'une minorité qui, pour les plus
engagés et les plus éclairés d'entre elle,
n'accepte pas qu'un Sud-africain blanc leur
explique à travers l'exposition itinérante
« Exhibit B » - une série de douze tableaux-
performances représentant des scènes de
l'histoire coloniale et postcoloniale - qui ils
ont été et sont aussi encore un peu : des
victimes sans volonté, sans énergie ni parole.

Et c'est maintenant que l'on est
forcés de reconnaître, même si l'on n'a
jamais cessé de le soupçonner, à quel point
notre marquis est bel et bien du côté de la
domination ; et cette classe bourgeoise ne
s'y est pas trompée : ce Sade a-politique,
plus inoffensif et docile que jamais, elle l'a
très vite adopté !

Dieudonné fait trembler cette bourgeoisie-là,
terrée et muette. Sade rend bavard et fait
discourir cette bourgeoisie qui appartient le
plus souvent à cette « fausse gauche » qui se
baigne chaque matin dans le bain coulé par

les classes populaires salariées, le doigt sur la couture du pantalon ou de la jupe - de créateur, s'il vous plaît ! -, entre deux lignes de coc et un repas bien arrosé à la hauteur du salaire moyen annuel de peigne-cul (ou pei*ne*-cul ?) tout juste bons à se lever le matin pour aller gagner un argent que cette bourgeoisie s'empressera de dilapider ; une bourgeoisie de flatulences principalement buccales bien qu'anales, dont notre marquis, il est vrai, a longtemps prisé les effets euphorisants, voire aphrodisiaques, et toute son époque avec lui car, après réflexion, l'ancien Régime ne s'est-il pas effondré dans un grand concert de pets, entre un Louis XVI tout péteux et une Marie Antoinette dont le cerveau n'était qu'un courant d'air même s'il faut reconnaître que ces gens-là savaient se tenir et mourir sur l'échafaud !

C'est cette même classe, mondialiste, toujours à la pointe de l'innovation sociétale, à défaut d'une véritable mobilisation en faveur de la défense d'acquis sociaux dont elle n'a que faire, il est vrai, puisqu'elle n'a besoin de rien, subventionnée ras la gueule par l'Etat et les salariés ! qui privilégie une fuite en avant qui ne prévoit rien et nous conduit au pire ! Un peu à l'image d'un Sade, toujours sur la brèche, à chercher de nouvelles raisons de ne pas désespérer face à la compassion et à la morale, toujours à innover au service d'une souffrance qui n'avait pour seule limite que la mort ; un Sade auquel fait face une classe nombriliste sans conscience autre que son propre reflet dans le miroir d'une existence pas seulement anti-sociale mais d'essence a-sociale et qui cherche à nous faire payer toutes les psychothérapies que cette classe moralement ruinée aura refusé de suivre.

Mais alors, qu'il soit permis ici de dire haut et fort que l'on refuse d'être leur cure à tous !

Aussi, pour cette raison qui en vaut bien d'autres, on ne peut avoir qu'un seul regret : que Sade ne soit plus là aujourd'hui pour supplicier cette classe, et reprenant une

formule qu'il affectionnait tout
particulièrement, « forcer les culs » - et à sec
qui plus est ! -, d'une bourgeoisie dont il n'y
a décidément rien à sauver ; une bourgeoisie
lettrée qui aujourd'hui se repaît de Sade tout
en omettant soigneusement de nous rappeler
la véritable personnalité de l'auteur et de sa
vision du monde.

Oui, c'est bien cette classe-là dont Sade
aurait dû faire des choux gras - pour une
fois, l'horreur aurait changé de camp ! -, et
s'en mettre jusque là, lui et ses acolytes ; et
c'est sans doute la raison, la seule, la plus
honnête qui soit, hors de tout snobisme
abjecte, pour laquelle on doit pouvoir
aujourd'hui encore s'appuyer sur ce marquis
qui pensait qu'après lui, rien ne devait
demeurer, rien ne devait vivre, un peu à
l'image de cette classe absente des
bibliothèques, des musées et de l'inconscient
collectif, une fois six pieds sous terre, pour
n'y avoir rien semé ni rien laissé derrière elle,
excepté de l'avilissement - son propre
avilissement qui nous éclabousse tous -, au

nom d'une raison d'être au monde d'une
futilité abyssale qui n'a pour service de
table qu'une auge de fange et de boue…
pitance de porcs qui vont aux glands et à la
truffe ; complaisants sophistes désoeuvrés,
ils en reviennent pédants et obséquieux ;
mythomanes, tous jureront avoir affronté
mille sortilèges et vécu mille expériences
d'une profondeur et d'une noirceur
existentielles sans précédent, alors qu'ils ne
se seront contentés d'effectuer qu'un tour de
piste dans le grand Barnum médiatique qui a
tout corrompu jusqu'à l'Université : pour
s'en convaincre, il suffit de se reporter aux
écrits d'un Michel Delon et à ses
commentaires dans les médias à l'occasion
de la « Célébration » du bicentenaire de la
mort de Sade ; ce professeur de littérature
n'aura eu ni la présence d'esprit ni le courage
de rappeler à tout un chacun, la vérité, toute
la vérité historique de Sade ; manquement
qui confirme, si besoin était, le devoir de
soumission à une organisation de l'existence
d'une complaisance inouïe auquelle tous
doivent se plier pour espérer prospérer dans

« la carrière » qu'elle soit médiatique, universitaire ou politique, car, s'il n'y a pas d'avenir politique pour ceux qui souhaitent prendre l'argent là où il se trouve afin de le restituer à la communauté, pareillement, tous savent qu'il n'y a pas de « carrière » pour quiconque souhaite dénoncer la complaisance d'une « caste » qui vit grassement sur le dos de millions d'êtres humains, ici dans l'hexagone et en Europe, comme autant de victimes expiatoires d'une violence sociale de l'abrutissement, de l'abaissement et de l'humiliation…

La « caste » d'une gauche en faillite pour laquelle la subversion et la révolution riment désormais avec complaisance, obscénité et a-moralité. Car, avant de nous vanter ses qualités littéraires, cette « élite » aurait dû nous rappeler à propos de Sade et de son œuvre ceci : pornographe grapho-maniaque, Sade était un sociopathe tortionnaire poursuivi et condamné comme tel sous tous les régimes : sous Louis XVI, Robespierre et le 1er Empire.

Tout en ajoutant…

Il n'y a qu'un Sade, d'une cohérence totale. Et s'il n'y a pas de philosophie politique sadienne à proprement parler, en revanche, il y a bien un point de vue sadien sur le monde ; et l'on doit insister sur le fait que ce point de vue est en totale concordance avec la personnalité de sociopathe de l'auteur : domination dans l'humiliation, la torture et la mort pour le bon plaisir des dominants auxquels Sade reconnaît un droit sans limites à disposer de la vie d'autrui, les dominés en l'occurrence, proies toutes désignées car sans recours ; en effet, Sade n'a jamais pris pour cible sa classe - l'Aristocratie -, dans la perpétuation de ses délits et de ses crimes.

Et enfin…

Si toute l'œuvre de Sade peut être qualifiée de «subversive », elle ne l'est que parce qu'elle est obscène et a-morale ; ce qui la distingue des œuvres subversives qui, elles, mettent en danger l'ordre établi - celui des dominants -, et ce pour le plus grand bénéfice d'une plus grande justice des conditions d'existence des dominés dans un véritable souci humaniste et universaliste.

***

A l'ouverture de la conférence de presse, en tant que commissaire générale de l'exposition « Sade. Attraper le soleil », Annie Lebrun aura ces mots : *« Sade, c'est un changement de sensibilité. »*

Tout est dit. Nous sommes maintenant libres mais prévenus.

« Autour de Sade » – Copyright Serge ULESKI

Site de l'auteur :
http://penseraupluriel.blogs.nouvelobs.com/